BEI GRIN MACHT SICH IHR WISSEN BEZAHLT

- Wir veröffentlichen Ihre Hausarbeit,
  Bachelor- und Masterarbeit

- Ihr eigenes eBook und Buch -
  weltweit in allen wichtigen Shops

- Verdienen Sie an jedem Verkauf

Jetzt bei www.GRIN.com hochladen
und kostenlos publizieren

Lars Tischler

Über die Relativierung der Moral

Die Unfähigkeit zu trauern - die Bewältigung des nationalsozialistischen Traumas in der deutschen Gesellschaft

GRIN Verlag

Bibliografische Information der Deutschen Nationalbibliothek:

Die Deutsche Bibliothek verzeichnet diese Publikation in der Deutschen National-
bibliografie; detaillierte bibliografische Daten sind im Internet über http://dnb.d-
nb.de/ abrufbar.

Impressum:

Copyright © 2003 GRIN Verlag GmbH
Druck und Bindung: Books on Demand GmbH, Norderstedt Germany
ISBN: 978-3-640-43011-6

Dieses Buch bei GRIN:

http://www.grin.com/de/e-book/135062/ueber-die-relativierung-der-moral

Universität Bremen / Fachbereich 11 / Geistes- und Humanwissenschaften

Studiengang Psychologie

Über die Relativierung der Moral

Lars Tischler

FOV 4 / Psychoanalytische Kulturpsychologie / SS 2003

Inhaltsverzeichnis

1 Einführung

Ich werde in diesem Text unter anderem den Begriff der Moral erläutern, wie er unter besonderer Berücksichtigung der Relativierung der Moral in dem Buch „Die Unfähigkeit zu trauern" von Alexander und Margarete Mitscherlich (2001) herausgearbeitet wurde. Weil unmittelbar damit verknüpft, werden psychoanalytische Theorien wie primärer Narzissmus, Sadismus und Todestrieb angesprochen. Im Verlauf des Textes soll der Mitscherlichsche Versuch einer Herausarbeitung eines neuen Moralbegriffs dargelegt werden. Zunächst folgt jedoch eine Annäherung an den Moralbegriff aus verschiedenen Perspektiven.

1.1 Was ist Moral?

In der Moralentwicklung geht es um einen Konflikt, den bereits jedes Kind kennen lernt und immer wieder neu erfährt: der Konflikt zwischen den auf die Erfüllung eigener Bedürfnisse gerichteten egoistischen Motiven und den moralischen Normen und Werten, welche die Bedürfnisse anderer Menschen und der Gemeinschaft schützen sollen. Im Laufe der Sozialisation unternehmen Eltern, Lehrer und Erzieher, aber auch die Gesellschaft als Ganzes immer wieder enorme Anstrengungen, um dem Heranwachsenden das geltende System von Normen und Werten nahe zu bringen.

Den Aufbau eines eigenen Normen- und Wertesystems durch das Kind oder den Jugendlichen bezeichnet man als Internalisierung von Normen und Werten. Moralentwicklung steht als Begriff für den lebenslangen Prozess der Veränderung von Norm- und Wertmassstäben. Diese stellen Vorschriften und Regeln für das Handeln des einzelnen dar. Sie sagen aus, was sozial akzeptiert ist und was falsch ist.

„**Moral** [lat. *moralis* die Sitten betreffend], Gesamtheit der das Urteil und Verhalten bestimmenden Normen. →Gewissen" (Häcker, Stapf & Kurt, 1998, S. 547).

Bei Freud ist das Gewissen durch das Über-Ich repräsentiert, also dasjenige Funktionssystem der Persönlichkeit, das die aus der Familie übernommenen moralischen Motive repräsentiert. Die Rolle des Über-Ichs „wird von Freud mit der eines Richters oder Zensors des Ichs beschrieben" (Mertens & Waldvogel, 2002, S. 754), was sich in Schuld- und Unwertgefühlen äußert. Es arbeitet nach dem sogenannten Moralitätsprinzip (im Gegensatz zu Lust- und Realitätsprinzip), das vom Ich absolute Erfüllung verlangt.

Nach Freud entsteht das Über-Ich beim Untergang des Ödipus-Komplexes. Aufgrund von Belegung mit Verboten werden die inzestuös libidinösen Wünsche des Kindes den Eltern gegenüber von ebendiesen (Objekten) abgezogen und als psychische Instanz internalisiert. In der Furcht vor dem Über-Ich sieht Freud Reste der Kastrationsangst, der Angst, von dem als Rivalen erlebten Vater kastriert zu werden. Deshalb kann sich die Strenge des Über-Ichs relativ getrennt von der tatsächlichen Strenge der Eltern entwickeln.

Somit stellt der Untergang des Ödipuskomplexes den Grundstein für soziales Verhalten dar. „Die Art der Lösung oder Ungelöstheit der ödipalen Konfliktsituation ist das Ausgangs-schicksal des Individuums als Sozialwesen" (Mitscherlich & Mitscherlich, 2001, S.189). Allerdings wird es im Laufe der Jahre durch die sozialen und kulturellen Forderungen erweitert (Erziehung, Religion, Moral).

„Soweit das Über-Ich internalisiert ist, trägt es Züge einer ganz unpersönlichen, archaischen Härte. Es hat noch keine Auseinandersetzung zwischen Über-Ich und kritischem Ich stattgefunden, durch welche sich das Individuum seine eigene Moral errichtet und an ihr sich kritisch misst" (Mitscherlich & Mitscherlich, 2001, S.60).

Wichtig ist zu beachten, dass nicht die Person der Eltern internalisiert wird, sondern vielmehr die elterliche Instanz – das Über-Ich der Eltern. Somit kann das Über-Ich als Träger von tradierten Werten wie eben auch gesellschaftlicher Moral angesehen werden.

Eine sehr frühe moralische Indoktrination führt zu einer sehr starken Verbindung von Ich und Über-Ich, was starken Autoritätsglauben bzw. starke Autoritätsangst entstehen lässt. Dies machte sich die Kirche über Jahrhunderte zur Erhaltung ihres Machtapparates zu nutze. „Das Ich kann sich dann nicht anders als mit den Augen des >>Grossen Bruders<<, eines weniger liebevollen als unerbittlichen oder rächenden Gottvaters sehen" (Mitscherlich & Mitscherlich, 2001, S.190).

1.2 Über die Entstehung gesellschaftlicher Moral

Mitscherlich und Mitscherlich gehen davon aus, dass Moral im Grunde eine Erfindung eines bestimmten einer Situation angemessenen Verhaltens ist, das sich in einer Gruppe oder Gesellschaft ausbreitet. Die Moral wird über den Mechanismus der Identifikation gleichsam in das Innere des Menschen übernommen und wirkt dort als seine eigene Meinung fort. So werden Triebbedürfnisse dem geforderten Verhalten in der Gemeinschaft angepasst. Diese Selbsttäuschung macht die Moral so krisensicher.

Über Generationen hinweg wird ein solches Verhalten automatisiert. Es erstarrt, wird schließ-lich institutionalisiert und damit zu einem Macht- und Herrschaftsinstrument, das von der herrschenden Gruppe nahezu beliebig eingesetzt, verklärt, verbogen und pervertiert werden kann.

Die Moralgebote lassen die Entspannung der Triebwünsche konformistisch zu, verlagern sie auf andere Objekte oder unterdrücken sie. Wer Macht ausübt und herrscht, kann sich von allen Moralgeboten lösen und sich seine ganz persönliche Moral bilden – ein der Toleranz hart abgerungenes Zugeständnis.

„Der zentrale Inhalt einer Moral ist ihre dogmatische Aussage über ein in der Gruppe, im Kulturbereich jeweils >>richtiges<< Verhalten: >>Du sollst nicht töten<<, heißt es im zivilen Leben; >>rüste dich, zu töten – töte<<, fordert unsere Moral im Krieg von uns" (Mitscherlich & Mitscherlich, 2001, S.165).

Hier wird wieder deutlich, dass Moral immer eine rationale und keine emotionale ist. Moral ist auch Ordnungs- und Herrschaftsinstrument. Den Gehorsam verlangt erst eine äußere Autorität, später das Gewissen in uns. Und Angst vor Bestrafung lenkt unser Verhalten oftmals – und nicht unsere Überzeugung.

An dieser Widersprüchlichkeit der Moral lässt sich klar erkennen, dass Moral eben nicht als gegeben und unveränderlich angesehen werden kann. Je nach Gruppe oder Kultur ist Moral etwas anderes. Im Bewusstsein der parallelen Existenz verschiedener Moralkulturen und deren Konfrontation miteinander führen Mitscherlich und Mitscherlich den Plural *Moralen* ein.

1.3 Ein metasozietärer Blickwinkel

Die soeben kurz umrissene Auffassung der Moral bei Mitscherlich und Mitscherlich lässt sich also nur begreifen, wenn wir den Blick fort von unserer

eigenen Gesellschaft wenden und auch in andere Kulturen schauen, um deren Mogralbegrifflichkeiten zu untersuchen und mit den unseren zu vergleichen.

Es ist die Rede von „Globalfaktoren" (Mitscherlich & Mitscherlich, 2001, S.158) wie „Technisierung, Urbanisierung, Bürokratisierung" (ebd.). Allerdings bedeutet der technische Fortschritt noch lange keinen allgemeinen Fortschritt der Menschheit. Die globale Technisierung gibt uns die Möglichkeit, täglich in vielen anderen Kulturkreis mit anderen Normen und Werten zu schauen, die sich scheinbar über unsere Ideale hinwegsetzen. Andere Kulturen blieben bis dahin fremd und „...waren deshalb das scheinbar ganz natürlich vorgegebene Objekt der Ausbeutung und kollektiver Verachtung" (ebd., S.187). Diese Kulturdifferenzen dürfen nicht darüber hinweg täuschen, dass ein „Pluralismus der Sitten Realität" (ebd., S.158) ist, und man sich diesem in einer sich immer stärker ineinander verflechtenden Welt mit Toleranz öffnen muss.

Was die Technisierung gebracht hat, ist ein einheitliches Kontakt-, jedoch kein einheitliches Toleranzsystem. Es muss erkannt werden, „dass nicht wir allein den einzig richtigen Weg zu einer sinnvollen Lebensform besitzen..." (Mitscherlich & Mitscherlich, 2001 ‚S.159).

Hinzu kommt, dass wir im Vergleich mit anderen Kulturen, an denen wir mittels globaler Technisierung teilhaben können, erkennen können, dass auch unsere Moral altert und sich wandelt. Es wird ein distanzierter Blick möglich, der uns dazu bringt, auch für unsere Gesellschaft neue Werte, aus denen sich Moral ableiten lässt, zu suchen.

1.4 Ein innersozitärer Blickwinkel

Genauso wie die fortschreitende technische und wirtschaftliche Entwicklung zu neuen interkulturellen Sichtweisen führen muss, ist auch die innergesellschaftliche Struktur einem Wandel unterzogen.

Von frühester Kindheit mussten wir lernen, unsere eigenen Triebbedürfnisse einzuschränken und auf das Zusammenleben mit anderen Menschen einzustellen, was sehr schwer gefallen ist, später jedoch als eine unverrückbare Selbstverständlichkeit angenommen wird. „Die Menschen aller heute lebenden Kulturen erwerben subjektiv für die in der jeweiligen Kultur gültigen Moral den gleichen Eindruck." (Mitscherlich & Mitscherlich, 2001 ‚S.159) Ein „Schwindel" (ebd.), so Mitscherlich, überkommt uns also im späteren Leben, wenn wir erkennen müssen, dass man sein Leben auch unter einer anderen moralischen Formel führen kann, ohne von Schuldgefühlen geplagt zu sein. Diese erworbene Distanz und Abwehrhaltung gegen das sich über die eigene Moralvorstellung hinwegsetzende Verhalten erklärt mangelnde Toleranz gegenüber anderen kulturellen Normen und Werten. So kommt es dazu, dass trotz vermeintlich hoher gesellschaftlicher Moral im Innen eine „...fast ubiquitär gelebte Lust an grausamen Vergeltungsstrafen" (ebd., S.173) ins Außen getragen wird.

Moral soll die persönliche Freiheit sichern. Doch diese wird durch die globale Technisierung in Bedrängnis gebracht. Die technische Vereinheitlichung lässt den Wert des Individuums ganz besonders dort immer mehr sinken, wo so viele Menschen sich rasch vermehren, dass traditionelle Lebensformen den Zusammenhalt in der Gemeinschaft nicht mehr tragen können.

Man sucht nach moralischen, die Gesellschaft einenden, das Zusammenleben erklärbar und verstehbar machenden Werten und Normen und bekommt doch nur individuellen Luxus, der dem nicht vorbereiteten Gemüt ein inflationär steigendes, primitives Potenzgefühl vermittelt.

In Gesellschaften gezeichnet von Armut, Hunger und Krankheit muten die neuen technischen Errungenschaften - wie zum Beispiel das Auto - wie Wunder an. Allmachtsgefühle und Unsicherheit mit der neuen Technik höhlen die alte Moral- und Gesellschaftsordnung aus. Das durch die neuen Quellen hervorgerufene Lustgefühl geht mit allen vom alten Moralsystem unterdrückten Triebregungen Verbindungen ein und führt zu schlimmsten sexuellen und aggressiven Ausbrüchen.

Das Neue, das Fremde ist so verlockend, dass man die alten, den Zusammenhang in der Gesellschaft sichernden Traditionen, fahren lässt, ohne neue verbindliche Verhaltensweisen gefunden zu haben.

Geht das alte Selbstverständnis unter, tritt die weltpolitische Abhängigkeit offen zu Tage. Die Omnipotenzphantasien werden als solche erkannt, und untergründige Wut wird geweckt. Mitscherlich und Mitscherlich führen das Beispiel des Kongo an, denn hier liege „...das Elend menschlicher Moralordnung nackt zutage" (Mitscherlich & Mitscherlich, 2001, S.161).

Es wird deutlich, dass Moral nicht nur als ein Regelwerk von Verboten und einschränkenden Regeln verstanden werden darf, sondern, dass Sie dazu verpflichtet, aktiv Gutes zu tun. Die durch gesteigerte Technisierung ermöglichte Individualisierung jedoch lässt es den von neuem Wohlstand Erquickten immer weniger zu, sich auch für den anderen zu interessieren. Gefühlseinsamkeit und Gefühlsautismus verstärken noch die Individualisierung.

1.5 Über Grenzen einer Moral

Wie in den ersten Abschnitten angedeutet, ist die persönliche moralische Entwicklung mit dem Untergang des Ödipuskomplexes nicht abgeschlossen. Einen Abschluss findet sie auch nicht im Übergang von einer „...>>heteronomen<< zu einer >>autonomen<< Moral..."(Mitscherlich & Mitscherlich, 2001, S.188).

Das Problem jeder Moral tritt in den Ausnahmesituationen zutage, für die es keine allgemeinverbindlichen Anweisungen gibt. Menschliches Verhalten ist nicht wie das tierische durch eine solch hohe Selektivität bestimmt, „durch welche das tierische Sozialverhalten reguliert wird" (Mitscherlich & Mitscherlich, 2001, S.196). Eine Entscheidungsfindung zu moralischem Verhalten ist entsprechend durch vielschichtige Verflechtungen erschwert.

„Am eindringlichsten sind die Pflichtenkollisionen geworden, welche aus Krieg und Terror herrühren" (Mitscherlich & Mitscherlich, 2001, S. 188). Rechtfertigt also staatlicher Terror etwa einen gezielten Mord? Mitscherlich und Mitscherlich führen das Beispiel Claus Graf Schenk von Stauffenberg an, welcher der Gesellschaft vor Augen führte, „dass die Gehorsamspflicht des Soldaten durch die Widerstandspflicht aufgehoben werden kann" (ebd.).

2 Arbeit, Sublimierung, Ich-Stärke und Moral

In den oberen Abschnitten ist deutlich geworden, inwieweit der Moralbegriff von Kulturen und Gesellschaften abhängt. Auf die kleinste Zelle des gesellschaftlichen Organismus, den einzelnen Menschen und seine persönlichen Lebensbedingungen, ist kaum eingegangen worden. Das Leben des Menschen ist in erster Linie mit seiner Beschäftigung verknüpft, seinem Tagwerk, seinem Broterwerb, seinem beruflichen Leben.

Ziel dieses Abschnittes soll es sein darzulegen, wie Technisierung und Maschinalisierung der Arbeit mit der Ich-Stärke des einzelnen zusammenhängen.

Die Umwälzungen, welche die Gesellschaft und den einzelnen betreffen, lassen „...das Ziel einer *Stärkung der Ich-Funktionen* im Ganzen des psychischen Apparates als gut begründbar erkennen" (Mitscherlich & Mitscherlich, 2001, S. 171). In Zeiten des Umbruchs werden allgemein Misstrauen gegenüber dem Neuen und präödipale Allmachtsphantasien geweckt. Das Ausleben dieser ist als verheerend anzusehen, wie die Geschichte immer wieder gezeigt hat.

Ein Ausweg ist die Sublimierung, gleichsam die Veredelung von Triebzielen. Jedoch kann „für viele Millionen Menschen [kann] die Art der Arbeit, die man von ihnen fordert, nicht mehr libidinöse Zustimmung heischen als dumpfe Sklavenarbeit der Vergangenheit" (Mitscherlich & Mitscherlich, 2001, S. 176).

Früher erwarb der Arbeiter oder Handwerker im Laufe seines Berufslebens einzigartige Fähigkeiten – nicht umsonst spricht man von Handwerkskunst -, die sein Selbstwertgefühl begründeten. Die Arbeit an der Maschine jedoch besteht zumeist aus mechanisch ablaufenden und sich stets wiederholenden Handgriffen, die es dem einzelnen eben nicht ermöglichen, sich über seine Arbeit auszudrücken und damit sein Selbstwertgefühl zu steigern. Im Gegenteil sind „...Abstumpfung und aggressive Gereiztheit..." und „...jenes uninteressierte, unverantwortliche Plebejertum..." (Mitscherlich & Mitscherlich, 2001 ,S.176) die Folge. Es ist nicht schwer zu erkennen, dass dies den Nährboden für vielerlei Übel wie Demagogen jedweder Couleur bereitet.

Psychologisch betrachtet geht es also darum, „...wie mehr Individuen an Sublimierungen ihren Gefallen finden könnten" (Mitscherlich & Mitscherlich, 2001, S. 179). Kann es zu keiner Sublimierungsleistung kommen, findet womöglich eine regressive Verschiebung des Triebzieles zur schnelleren Unlustbeseitigung statt. Suchtverhalten (besonders mit den legalen Mitteln Alkohol und Nikotin) kann eine Folge sein.

Zusammenfassend ist zu sagen, dass der zu keinem „...produktiven Auslass..." (Mitscherlich & Mitscherlich, 2001, S. 183) fähige Trieb sich anstaut, und aggressive Regungen sich dem vergleichsweise schwachen Ich entgegenstellen und sich Bahn brechen. Es wird deutlich,

„dass menschliches Gruppenleben nicht ohne Verpflichtung von der Art einer Moral denkbar ist" (ebd.).

3 Moral, Sadismus und Todestrieb

3.1 Moral und Sadismus

In Punkt 1.2. habe ich bereits kurz dargelegt, dass Moral dem Erhalt und der Herstellung von Macht- und Herrschaftsstrukturen dienlich ist. Autoritäre Handlungen, vom Sadismus gespeist – als Quelle der Lust in Reinform selten toleriert – findet ihre gesellschaftliche Anerkennung als Strenge, als harte aber wohlwollende Hand. Die so idealisierten Sadismen, werden „...besonders unzugänglich für (Selbst-) Korrektur" (Mitscherlich & Mitscherlich, 2001, S. 193). Kinder lernen, die Unterdrückung ihrer Triebe und die Überwältigung ihrer Würde als Gerechtigkeit zu erleben. Es entsteht nichts anderes als eine sado-masochistische Beziehung, die sich im späteren Leben als Befehls- und Gehorsamslust zeigt. Hier liegt der Grundstein für die Bindung großer Mengen libidinöser Energien an aggressive, denn Triebe kommen nie in Reinkultur vor. Es handelt sich immer um Legierungen. Das Triebziel wird durch den überwiegenden Anteil bestimmt.

Diese perverse infantile Lustbefriedigung bleibt dem Bewusstsein selbstverständlich verschlossen. „Man quält und wird gequält, als ob es das Natürlichste auf der Welt wäre" (Mitscherlich & Mitscherlich, 2001, S. 194). Das Geschlecht des gequälten Objekts ist hierbei irrelevant. Es handelt sich um Spannungsabfuhr prägenitaler Natur.

Problematisch ist, dass Sexualität auch heute noch tabuisierter ist als Aggression, oder umgekehrt formuliert, dass Aggression noch immer akzeptierter ist als Sexualität. Man kann allgemein davon ausgehen, dass sich viel Libido in Verbindung mit Aggression zu Entspannung verhilft. Wo Sexualität unterdrückt wird, äußert sie sich demnach in Aggression und verleiht der Aggression lustvollen Charakter.

Mitscherlich und Mitscherlich führen das Beispiel des libidinös enttäuschten Kindes an, welches in der Tierquälerei Ersatz für ein versagtes Liebesereignis sucht.

Unter diesem Blickwinkel erscheint es nicht erstaunlich, dass die wohl verbreitetsten Formen männlicher Hierarchien, Kirche und Militär, auf keine moralisch rühmliche Vergangenheit zurückblicken können. Die tabuisierte Sexualität fand in der kirchlichen Historie in Inquisition und insbesondere in der Hexenverbrennung ihr Ventil, „...schwärmerisch entkörperlichter Freundesbund unter Jünglingen..." (Mitscherlich & Mitscherlich, 2001, S. 195) wurde zu rauer Kameradschaft und kommt höchstens noch „...über die verbindende Lust an der Zote..." (Mitscherlich & Mitscherlich, 2001, S.194) zum Ausdruck.

Letztlich ist es gleich, ob es sich um Strenge oder Folter und Blutrausch handelt, immer spielt eine pervertierte libidinöse (Ersatz-) Befriedigung eine Rolle, und schon immer wurde sie von den Herrschenden moralisch gerechtfertigt. „Wenn es jedoch abgewehrten Triebansprüchen gelingt, sich in rationaler Einkleidung der Strafpotenz, die in jeder Moral gegeben ist, zu bemächtigen, dann kommt es zur Perversion der Moral" (Mitscherlich & Mitscherlich, 2001, S. 205).

3.1.1 Sadismus und Todestrieb

Wir haben gesehen, „dass aggressive Triebbefriedigungen als Ersatzbefriedigung für moralisch-tabuierte libidinöse einspringen" (Mitscherlich & Mitscherlich, 2001, S. 205). Die Heftigkeit und Brutalität, mit der dies immer wieder geschieht, ist für die Mitscherlichs der Beweis für den von Freud angenommenen und nicht unumstrittenen Todestrieb, dessen Konzept er erstmals in seinem Aufsatz „Jenseits des Lustprinzips" 1920 eingeführte. Freud war der Meinung, dass das Leben einen grundlegenden Spannungszustand im Gegensatz zur unbelebten Materie darstellt, und dass es Ziel des Lebens sei, diese Spannung wieder abzubauen. Demnach hat jeder Trieb das Ziel, „...die Spannung, die das Leben vom Tod unterscheidet, wieder aufzuheben" (Schmidt Noerr, 1987, S. 688). Der Todestrieb (Thanatos) richtet sich primär nach innen, wird aber sekundär durch seine Gegenspielerin, die Libido (Eros), nach außen gegen Objekte gerichtet (unter Bildung von Organen und Muskulatur) und zeigt sich in Aggressions- und Destruktionstrieb. Ein Teil verbindet sich direkt mit der Sexualfunktion. Hier entsteht der oben beschriebene Sadismus. Ein anderer Teil richtet sich als Masochismus nach innen.

Verdeutlichend auch unter Berücksichtigung der vorangegangenen Abschnitte lässt sich festhalten, dass Triebe (Eros, Thanatos) sich vermischen und der stärkere Anteil das Triebziel bestimmt. Ziel ist ausschließlich Spannungsabfuhr. Repression des einen führt zur Erstarkung des anderen – die Summe bleibt die gleiche.

„Es scheint, dass viele unserer Moralen unbewusst starke Aktionschemata dieses Todestriebes und nicht der Liebe sind" (Mitscherlich & Mitscherlich, 2001, S.206), und daran haben auch „zweitausend Jahre Liebesverkündigung der christlichen Lehre..." (ebd.) nichts zu ändern vermocht.

3.2 Die moralische Rechtfertigung

Wie ist es Menschen möglich, schlimmste Gräueltaten moralisch vor ihrem Gewissen zu vertreten und nach außen zu rechtfertigen? Um den folgenden Abschnitt verständlich zu machen,

werde ich in groben Zügen das Konzept des primären Narzissmus und des Ich-Ideals umreißen.

Der primäre Narzissmus stellt eine Entwicklungsphase dar, „in der sich das Kind mit seiner
Umwelt, mit der Mutter verbunden fühlt" (Fischer, 1986, S. 548) (Symbiotische Phase nach
Mahler). In dieser Phase wurzelt das Grössen-Selbst mit all seinen Omnipotenzgefühlen, die
das Kind jedoch im Laufe der Entwicklung nach und nach zugunsten der Entstehung von kon-
solidierten Selbst- und Objektrepräsentanzen aufgeben muss. Insbesondere die anal-
sadistische Ausprägung des Grössen-Selbst ist in Erleben und Phantasie „...auf Omnipotenz,
Herrschaft und Macht ausgerichtet" (Mertens & Waldvogel, 2002, S. 121).

Das Ich-Ideal entsteht wie das Über-Ich beim Untergang des Ödipuskomplexes. „Die Objekt-
besetzungen werden aufgegeben und durch Identifizierung ersetzt" (Freud, 1989, S. 154). Die
unfehlbaren und allmächtigen „...Anteile der Elternautorität verinnerlichen wir im Über-Ich,
die dazuzugehörenden idealen Maßstäbe im Ich-Ideal" (Henseler, 1985, S. 199). So wird das
Ich-Ideal zum sublimierten Ersatz für den verlorenen Narzissmus der Kindheit, in der die Libido ich- und nicht objektbezogen war.

Das Ich-Ideal hat allerdings die unangenehme Eigenschaft, sich nur allzu gern gegen den zu
richten, der es generiert hat. So kommt es bei unmoralischem
Verhalten zu Angst vor Bestrafung aus dem Über-Ich und zu Schuldgefühlen, dem eigenen
Ideal nicht zu genügen.

Zudem jedoch ist die menschliche Psyche auch in der Lage, das Ich-Ideal durch ein äußeres
Objekt, einen Gott oder Führer, auszuwechseln. All die Liebe und
Sehnsucht, die dem verlorenen Narzissmus, der im Ich-Ideal seinen Niederschlag erfuhr, gilt
nun dem Gott oder Führer. Die Aufhebung aller Spannungen liegt nun in totaler Hingabe an
den Führer (hier: A. Hitler). Er allein ist es, dem alle Liebe zu gelten hat.

Wird diese Ausrichtung durch ein anderes Triebobjekt gestört, scheint die Liebesbindung an
den idealen Führer verraten und seine vorgestellte Eifersucht führt zu Schuldgefühlen. Diese
werden abgewehrt, um die ideale Beziehung rein zu halten. Im Unbewussten jedoch wirken
sie weiter und können sich als nun entstehender Hass voll gegen den Führer richten. Dieser
nunmehr viel intensivere Angriff auf den Führer und die Beziehung zu ihm darf erst recht
nicht Bewusstheit erlangen und wird „...durch Verschiebung in der Richtung geringeren Wi-
derstandes ... auf die irdischen Gegner abgelenkt" (Mitscherlich & Mitscherlich, 2001, S.208).
Zudem tritt eine kompensative Verstärkung der Idealisierung ein und damit eine noch stärkere
Identifizierung mit dem Führer usw. usf.

Die Opfer sind in der Regel Menschen, die aufgrund ihrer Andersartigkeit und moralischen Stigmatisierung gesellschaftlich geradezu prädestiniert erscheinen. Hier nun entlädt sich all das, was vom Bewusstsein abgewehrt wurde - ohne jedoch dem Führer zu schaden. Wahrscheinlicher ist das genaue Gegenteil. „Sie wurden von der Moral her als jene Schuldigen präpariert, die all die Verstöße sich zuschulden kommen lassen, die man selbst so erfolgreich durch Entfernung aus dem Bewusstsein abgewehrt hat. Damit schließt sich der Kreis unbewusster Wirkungen der überstrengen Moral" (Mitscherlich & Mitscherlich, 2001, S.208), der Kreis also zwischen moralisch akzeptiertem Sadismus, Hingabe an ein Ideal und moralisch stigmatisierten Menschen. In einem solchen Falle kann nur von einer Pervertierung der Moral die Rede sein.

Als sich die Verehrung für Hitler als Unterstützung eines Verbrechers und grandioser Selbstbetrug herausstellte, drohte kollektive Depression. Das Objekt, dass mittels Identifikation zu einem Teil des Selbst geworden war, hatte primärprozesshaftes Ausagieren infantiler Omnipotenz-Phantasien (primärer Narzissmus) ermöglicht. Nun standen Angst, „...Ratlosigkeit und Desorientierung..." (Mitscherlich & Mitscherlich, 2001, S.34) im Vordergrund. Um einer massiven Selbstentwertung zu entgehen, blieben nur der Abzug libidinöser Energie aus der Vergangenheit und die Sicht nach vorn, das Arbeiten für das „Wirtschaftswunder".

4 Die Relativierung der Moral

Hatte der Leser zuvor die oben beschriebene Meinung, Moral sei etwas Absolutes, sollte nun klar geworden sein, dass sie etwas Relatives ist. Sie beeinflusst den Lauf der Geschichte und wird vom Lauf der Geschichte beeinflusst. Der Moralbegriff im – nennen wir es – klassischen Sinne ist völlig ungeeignet, menschenfreundliches Verhalten in einer Gesellschaft zu gewährleisten. Im Gegenteil, unter dem Deckmantel vermeintlicher Moral sind Menschen in der Lage, die abscheulichsten Verbrechen zu begehen. Wo die Gründe für aggressives Verhalten im Namen einer Moral liegen, habe ich aufgezeigt. Wo liegen also Lösungsmöglichkeiten, Wege zu einer neuen Art von Moral?

Mitscherlich und Mitscherlich erarbeiten in ihrem Kapitel „Die Relativierung der Moral" in mehreren Etappen ein immer ausgefeilteres und umfassenderes Konzept von Moral und der Möglichkeit ihrer Umsetzung, das ich hier skizzieren möchte. Ausgangspunkt ist die „...Grundthese, Moral solle uns darin hindern, dem anderen zu schaden" (Mitscherlich & Mitscherlich, 2001, S.199).

Diese negative Formulierung wird gewandelt in eine positive Aufforderung, wohlwollendes Interesse am Gegenüber zu entwickeln, es „...mit meiner Libido zu besetzten"...und „...als mir

13

wertvolle Erweiterung zu erleben" (Mitscherlich & Mitscherlich, 2001, S.199). Idealiter wurzelt diese Form der Moral also nicht in Gehorsam und Polizeiaufsicht, sondern in Sympathie für und Interesse an

Menschen. Es kommt zu tieferer Einsicht in das persönliche Handeln und in das Handeln der Mitmenschen - einhergehend mit einer Erweiterung des Bewusst seins.

Persönlicher Einblick in Handlungsmotivation führt demzufolge zu einer „...genuinen Moralität, dämmt den Missbrauch der Moral ein oder ihre Verachtung" (Mitscherlich & Mitscherlich, 2001, S.200). Eine willenlose und unreflektierte Angepasstheit verhindert die Ausbildung eines solchen persönlichen Gewissens. In der Erziehung von Kindesbeinen an honorierte Anpassung führt zu einem unkritischen Ich, dass nicht mehr zwischen Ich-Ideal und gesellschaftlich erwünschter Rolle differenziert. Es entsteht das „...Selbstbewusstsein des Biedermannes. Seine Deformation ist Ich-Symptom geworden; das heißt, sie wird bejaht und als wertvolle Charaktereigenschaft erlebt" (Mitscherlich & Mitscherlich, 2001, S.201). Die Folgen eines derart gratifizierten kollektiven Verhaltens sind allgemein bekannt.

Das Erkennen des Gegenüber, psychologisches Verständnis für den anderen und Individualisierung der Moral – werden so gesellschaftliche und kulturelle Ansprüche ausgehöhlt, und kommt es zu einer allgemeinen Schwächung der Moral?

„Der Gedanke, Moral sei relativierbar, weckt Unbehagen (Mitscherlich & Mitscherlich, 2001, S.209)", „...unmittelbar aufsteigende Angst (ebd.)" hindert die Menschen daran, über alternative Moralen nachzudenken. Das Problem besteht in der Unterdrückung des kritischen Ichs durch widerspruchslose Annahme gesellschaftlich anerkannter Moralvorstellungen. Doch eben dieses kritische Ich ist es, auf das sich eine neue, relativierte Moral stützen kann und muss.

4.1 Das Massenschicksal

Die Frage muss also lauten, wie in einer „...auf Verantwortung und gegenseitiges Vertrauen bauenden Gesellschaft erzogen werden..." (Mitscherlich & Mitscherlich, 2001, S.210) sollte. Um der zunehmenden Gleichschaltung zu einem reibungsloserem Funktionieren in einer industrialisierten und anonymisierten Gesellschaft entgegenzuwirken, muss vom Ich ausgehende Hingabe gefördert werden. Mitscherlich und Mitscherlich selbst bezeichnen diese Idee zwar als utopisch, geben aber zu bedenken, dass

„...noch keine bessere Gegenkraft zur Anonymisierung unseres Lebens in Massen entdeckt worden (ist) als die denkende Anteilnahme" (Mitscherlich & Mitscherlich, 2001, S. 210f). Eine Schwierigkeit oder Anstrengung für den einzelnen besteht vor allem darin, aus der allumfassenden betäubenden Berieselung auszubrechen, die eine gleichgeschaltete Gesellschaft mit sich führt. Reibungsloses Miteinander wird erreicht durch eine die Freiheit des einzelnen langsam beschneidende Manipulation, die neben Unlust eben auch die Individualität des Menschen beseitigt. Dabei ist irrelevant, ob es sich um politische oder konsumorientierte Manipulation handelt. Wie Standesdenken und Zugehörigkeit zu einer politischen Gruppierung den Menschen entindividualisieren, wird der Mensch auch nach seinem Konsumverhalten klassifiziert. „Freiheit bleibt in unverbindlichen ästhetischen Empfindungen erhalten, etwa in der Freiheit, zwischen zwanzig Farbnuancen eines Autotyps wählen zu können" (Mitscherlich & Mitscherlich, 2001, S. 211). Der Mensch wechselt in seinem Verhalten zu regressiven Formen der Libidobefriedigung, die durch den Konsumsektor noch gefördert werden, entlässt sich aus gesellschaftlicher Verantwortung und wird im Gegenzug immer anspruchsvoller im Hinblick auf gesellschaftliche Hilfe. Er wird zum Kind. Eine demokratische Gesellschaft verliert so ihre Grundlage: den entscheidungsfreien bzw. entscheidungs*willigen* Bürger. „Es bleibt dabei: Das Individuum hat anonymen Befehlen oder Verführungen ohne kritische Ich-Beteiligung zu gehorchen. Das war und ist Massenschicksal" (Mitscherlich & Mitscherlich, 2001, S. 213). Diesem Schicksal entgehen kann nur der Mensch mit einer kritischen, wachen Vernunft; es erfordert gleichsam eine *Antimoral* (Widerstandsrecht) (Mitscherlich & Mitscherlich, 2001, S. 213), wie sie im vorhergehenden Abschnitt herausgearbeitet wurde.

4.2   Empathie und Distanzierung vom Ich

Der Schlüssel zum Miteinander und zu einer neuen, höheren Moral sei die Fähigkeit und das Interesse, einfühlend auf den Mitmenschen einzugehen. Es war von der Utopie einer vom Ich ausgehenden Hingabe die Rede. Es ist schwer vorstellbar, dass allein emphatisches Verhalten die Moral retten könnte. Es wurde gezeigt, dass sich Moral in einem stetigen Wandel befinden muss, um den Veränderungen in Gesellschaft und Kultur gerecht zu werden. Die Erkenntnis, Moral sei relativ, ist eine wesentliche. Doch stellt sie uns vor entscheidende Probleme: die Fähigkeit und Bereitschaft, moralische Vorstellungen einem Wandel zu unterziehen, stoßen da an ihre Grenzen, wo völlig neue Entwicklungen auf Entscheidungen drängen. Der Mensch kann sich nicht auf Altbewährtes verlassen, wo er völliges Neuland betritt. Vor der Entscheidung für oder gegen ein Verhalten muss also eine distanzierte Betrachtung stehen, die es erlaubt, neue Wege zu beschreiten und nicht in starren und überholten moralischen Zwängen stecken zu bleiben, die den neue Anforderungen nicht gerecht werden.

Mitscherlich und Mitscherlich führen im letzten Abschnitt des Kapitels „Die Relativierung der Moral" den entscheidenden Gedanken zur Lösung dieses Problems an. Mit der Einfühlung in den Mitmenschen geht eine Distanzierung von sich selbst einher. Diese Distanzierung erlaubt es, die gesamte Entscheidungssituation objektiver zu betrachten. „Die Selbstüberwindung, die Lage von beiden Seiten sehen zu können, gibt uns die unersetzliche Atempause des Denkens vor drang- und angstabhängigen Entscheidungen" (Mitscherlich & Mitscherlich, 2001, S. 224). Hier spielt sich dann „...ein Elementarvorgang jener Moral ab, die wir suchen" (ebd.).

Basierte die alte Moral noch darauf, sich gegen Andersartigkeit abzugrenzen und dadurch Einzigartigkeit und den Anspruch auf alleinig richtiges Verhalten zu festigen, wird nun das Gegenteil, das Erkennen, Verstehen und Akzeptieren von Andersartigkeit, zur Grundlage einer neuen Moral. Relativierung ist somit wesentlicher Bestandteil einer Moral - „...einer Moral, die mündigere Menschen verlangt, als sie unter den bisherigen Moralen im allgemeinen gedeihen konnten" (Mitscherlich & Mitscherlich, 2001, S. 224).

5   Zusammenfassung

Ausgehend von einem klassischen Moralbegriff zeigten Mitscherlich und Mitscherlich in ihrem Text „Relativierung der Moral", dass Moral nicht als etwas Absolutes gesehen werden darf. Die Folgen einer solchen Sichtweise wurden anhand gesellschaftlicher und kultureller Zusammenhänge dargestellt. Psychoanalytische Grundlagen, insbesondere der Zusammenhang zwischen

Moral und Aggressionstrieb bzw. Libido sind im Kontext von Industrialisierung und Globalisierung zur Erklärung jener herangezogen worden. Ziel dieses Textes war es, den Moralbegriff zu relativieren und ausgehend von neueren gesellschaftlichen Entwicklungen und Perspektiven neu zu umreißen. Mitscherlich und Mitscherlich folgend habe ich ein neues, weiteres Moralverständnis herausgearbeitet und dessen inhärentes Wirkungsprinzip dargelegt. Es bleibt zu schreiben, dass sich die gegenwärtige konsumorientierte gesellschaftliche Entwicklung und der erklärte Moralbegriff ihrem Wesen nach ausschließen, da mediale Berieselung und kritisches Denken entgegengesetzte Vorgänge sind. Ohne ein initiales Moment dürfte ein Umdenken meines Erachtens nicht oder nur schwer möglich sein.

6 Literaturverzeichnis

Fischer, P. (1986). Familienauftritte. *Psyche, 40*, 527-556. Stuttgart: Klett-Cotta.

Freud, S. (1989). *Beiträge zur Psychologie des Liebeslebens* (23.-24. Tausend). Frankfurt am Main: Fischer.

Häcker, H., Stapf, K.-H. & Kurt, H. (Hrsg.). (1998). Dorsch Psychologisches Wörterbuch (13. Auflage). Bern: Huber.

Henser, H. (1975). Suizidhandlung und Narzissmustheorie. *Psyche, 29*, 191-207. Stuttgart: Klett-Cotta.

Mertens, M. & Waldvogel, B. (Hrsg.). (2002). *Handbuch psychoanalytischer Grundbegriffe* (2. Auflage). Stuttgart: Kohlhammer.

Mitscherlich, A. & Mitscherlich, M. (2001). *Die Unfähigkeit zu trauern* (16. Auflage). München: Piper.

Schmidt Noerr, G. (1987). Eros und Todestrieb. *Psyche, 41*, 677-698. Stuttgart: Klett-Cotta.